ÉLOGE

DE

M. TOROMBERT.

ÉLOGE

DE

M. TOROMBERT,

AVOCAT A LA COUR ROYALE DE LYON,
MEMBRE DE L'ACADÉMIE DES SCIENCES, BELLES-LETTRES
ET ARTS DE CETTE VILLE,

PRONONCÉ

En Séance publique de l'Académie

LE 30 AOUT 1836,

PAR

C. L. GRANDPERRET,

OFFICIER DE L'UNIVERSITÉ,
INSPECTEUR DE L'INSTRUCTION PRIMAIRE DU DÉPARTEMENT DU RHÔNE.

Lyon,
Imprimerie de Gabriel Rossary,
Rue Saint-Dominique, I.

1836.

pagnie. Vous parlez devant eux d'un homme qu'ils n'ont pas connu, ce serait ne faire que de la froide histoire, si nous ne savions qu'ils apprécient à leur haute valeur, les qualités du cœur et de l'esprit; rappeler des regrets qu'ils n'ont pas sentis, une douleur qu'ils n'ont pas éprouvée, ce serait s'exposer à jeter au vent des paroles sans écho; ce serait encourir peut-être le reproche d'exagération, si la solidarité de sentiments qui nous lie n'était un sûr garant de l'intérêt que les nouveaux Académiciens porteront à un sujet qui touche vivement les anciens.

Ce n'était pas ma faible voix qui devait rendre un dernier hommage à la mémoire de M. Torombert. Vous en aviez chargé l'orateur éloquent, le savant jurisconsulte qui avait adopté Torombert (2), en unissant à son sort le sort de sa fille unique. Vous vous attendiez aux larmes touchantes, aux accents attendrissants d'un vieillard pleurant sur la tombe de son fils, et vous étiez prêts à vous associer à sa douleur. Mais cette douleur que le temps n'a point affaiblie, n'a jamais permis à notre vénérable confrère de répondre au vœu de la compagnie, et les années se sont écoulées, et il a bien fallu qu'un autre le remplaçât. Après un père, c'était un ami que vous deviez choisir; vous me fîtes l'honneur de penser à moi, et j'acceptai la tâche redoutable que je ne pouvais pas refuser.

C'est la matière d'un doux entretien que la vie d'un homme qui n'eut que des amis; qui fit le bonheur de ceux avec lesquels il vécut, par la bonté de son caractère et par l'aménité de ses procédés; qui consacra toute la force de son esprit au triomphe des idées qu'il considérait comme la base de l'ordre social et la condition de la félicité publique. Qui de vous, Messieurs, ne se rappelle encore son langage obligeant, sa discussion polie, sa contenance pleine de grâce et de simplicité, surtout cet inexprimable sourire qui répandait son ame à découvert sur toute sa figure? n'entendez-vous pas sa voix suave vous adresser des paroles affectueuses tout empreintes de candeur et de sincérité? Ne voyez-vous pas au milieu de vous ce jeune Académicien pénétré d'une juste vénération pour les anciens membres de la compagnie, et rempli des attentions les plus délicates envers ceux dont l'âge était plus voisin du sien? N'admirez-vous pas encore cette science profonde et variée, ce précieux talent d'écrivain qui donnait à vos séances tant d'intérêt et de vie?... Ah! Messieurs, quand il était ici brillant de jeunesse et de santé, entouré de l'estime et de l'amitié de nous tous, vous ne pensiez pas que tant de mérite et d'avenir allait se perdre dans la tombe, et que bientôt vous n'auriez plus à donner à Torombert que des larmes stériles et d'inutiles regrets!

Mais l'homme de génie ne meurt pas tout entier, et l'homme de bien ne meurt pas pour l'éternité; il y a là un double motif de consolation sur lequel vous me permettrez de m'étendre un instant, en remettant sous vos yeux les ouvrages que Torombert nous a laissés, ainsi que les principes qui ont dirigé sa plume et réglé sa conduite (3).

Je ne rappellerai pas à votre souvenir ces petites pièces de vers et les chansons qu'il laissait échapper assez souvent dans sa première jeunesse, et qui étaient toujours marquées au coin d'un sentiment délicat lorsque des relations de société avaient provoqué sa muse, ou d'une finesse attique si sa verve était aiguisée par un motif de critique morale ou littéraire. Il y attachait si peu d'importance qu'il n'en a presque rien conservé; et je ne chercherai pas à faire un titre de ces délassements de l'imagination, de ces jeux de l'esprit à un écrivain qui nous a donné des ouvrages d'une tout autre importance et qui nous en promettait de plus grands encore, s'il eût vécu la vie d'un homme.

Torombert ne s'arrêta pas long-temps à ces distractions peu conformes à sa destinée. Il prit son vol de bonne heure vers ces hautes régions de la pensée d'où son coup d'œil hardi mesura, sans s'étonner, l'immense horizon de l'esprit humain et chercha à découvrir les rapports qui lient entre elles les diverses parties de la nature, dans l'ordre moral aussi bien que dans l'ordre physique. Déterminant la génération, la liaison et l'ensemble des sciences, il indiqua la marche à suivre pour les étudier avec succès, en procédant du simple au composé, c'est-à-dire, en observant la méthode de la synthèse; il traça en conséquence un tableau synoptique des sciences humaines dans l'ordre des études, tableau dont l'idée première fut conçue et successivement exécutée par les Bacon, les Dalembert, les Tracy, les Lencelin, mais dans des buts différents et sous d'autres points de vue. S'il eût voulu montrer la route des découvertes, il se fût attaché à l'*analyse* qui, procédant du composé au simple, s'élève par une suite d'inductions, des phénomènes aux causes, examine d'abord l'ensemble, sépare ensuite les parties et arrive ainsi à l'élément, à l'unité, au principe; il eût imité ses illustres devanciers. Mais il voulait indiquer aux autres la voie qu'il avait parcourue et qu'il considérait comme la seule appuyée sur la raison pour apprendre et pour enseigner les sciences; alors il recommanda la *synthèse* qui procédant du simple au composé, consiste à descendre des causes à tous les détails des phénomènes; qui se place à la source des sciences et les suit dans tous leurs développements; qui part des éléments, des principes connus, établis comme certains, et arrive ainsi à la conclusion par un enchaînement régulier de conséquences et de vérités prouvées. Méthode qui s'applique seulement aux objets éclairés par l'analyse, aux sciences en tant qu'elles sont toutes faites ; méthode qui n'enfanterait que des chimères si on la suivait, comme les philosophes de l'antiquité, dans le champ des découvertes, mais qu'il convient d'adopter quand on veut exposer les découvertes qu'on a faites, et enseigner aux hommes la vérité.

Néanmoins, pour qu'on ne s'égare pas en le suivant et pour ne pas s'égarer lui-même, Torombert examine, dans son tableau synoptique, comment se forment en nous les idées de rapport; ce que c'est que les principes en général; ce que sont les principes des sciences physiques, et les principes des sciences morales dans lesquelles il trouve l'origine des droits et des devoirs, et l'origine de la propriété. Il considère ensuite les principes de la législation et traite de la loi en général, de la souveraineté, de l'esprit des lois; hautes et importantes questions sur lesquelles la philosophie actuelle a jeté de plus complètes lumières, mais que l'on est surpris de voir aborder avec tant de sagacité et de pénétration par un philosophe qui n'avait pas atteint sa vingt-quatrième année. C'est en 1811 que Torombert présenta cet ouvrage à l'Académie de Dijon (4) qui s'empressa d'admettre l'auteur dans son sein; ce ne fut qu'en 1821 qu'il le publia sous le titre d'*Exposition des principes et classification des sciences dans l'ordre des études ou de la synthèse.*

Dès-lors, notre confrère eut un rang parmi les philosophes; dès-lors aussi, il s'occupa de terminer une entreprise qui, depuis long-temps remplissait sa pensée; il voulut porter le flambeau dans l'étude des principes du droit politique, et opposer ces principes à la doctrine que Rousseau avait professée dans le Contrat social; il voulut démontrer que les idées morales sont indépendantes des sensations; que les lois ont leur origine et leur force dans le sentiment de l'honnête et du juste, et il s'attacha à combattre l'opinion du publiciste genevois qui fait dériver la morale de l'intérêt personnel et la politique des conventions. C'était une déclaration de guerre, non pas à Jean-Jacques seulement, mais à toute l'école sensualiste; c'était prendre à partie Aristote, Locke, Hobbes, Helvétius, Condillac; c'était attaquer Voltaire et Montesquieu lui-même. L'autorité de ces grands noms ne le déconcerte pas; il a pour lui sa conviction profonde, et l'appui du sage Fénélon qui, à ses yeux, comme le Jupiter d'Homère, balance, lui seul, la puissance de tous les dieux. Embrassant le système de ses adversaires depuis son principe jusqu'à sa dernière conséquence, il trouve que l'ame étant d'abord passive et n'exerçant ensuite son activité que sur les idées sensibles et à leur occasion, il en résulte que la *conscience* et tous les sentiments moraux ont leur source dans la *douleur* et dans le *plaisir* physiques. Dès que nous ne faisons que rechercher l'un et fuir l'autre, l'*intérêt* personnel devient le principe de toutes nos actions, le véhicule de tous nos sentiments. Faut-il, dans son *intérêt*, se soumettre à des règles vis-à-vis de ses semblables? alors on fait des *conventions*. Ces conventions purement abstraites sont la mesure du *juste* et de l'*injuste* qui auparavant n'en avaient point d'autre que le *plaisir* et la *douleur*. Elles donnent naissance à la *propriété* qui jusque-là n'existait pas. Mais qui sera garant des conventions? ce ne peut pas être l'idée *acquise* de juste et d'injuste; car cés mots, comme l'idée qu'ils expriment, sont eux-mêmes conventionnels. Ce ne peut être que l'*intérêt* des contractants. Mais si cet intérêt vient à changer, qu'y aura-t-il, si ce n'est la *force*, pour répondre de l'exécution du traité. C'est donc de la force que se tirera la preuve qu'une chose est juste ou injuste; celui donc qui sera le plus fort sera ainsi réputé le plus juste. Voilà, selon Torombert, la série de raisonnements qui, de la sensation, conduit à l'emploi arbitraire de la force, c'est-à-dire, au despotisme; et le jeune philosophe s'indigne de voir nos plus grands apôtres de liberté soutenir des doctrines paradoxales conduisant droit au précipice qu'ils prétendent éviter. Telle est, s'écrie-t-il, la morale et la politique des animaux, et trop souvent celle des hommes. Il ajoute, dans un autre endroit de son livre : « les Romains avaient dit : *Le salut du* « *peuple est la loi suprême;* et nos publicistes « modernes ont fait de cette maxime le pre- « mier principe du droit public. J'ose le dire, « ce principe est faux, il est pervers, il est « subversif de toute équité, de toute dignité « parmi les hommes. *La suprême loi, c'est la* « *justice*, et le salut du peuple n'est que dans « la justice. Les nations, comme les individus, « n'ont une existence honorable et durable « que par elle. La justice n'accepte aucune « transaction, aucune exception; les lois mo- « rales sont absolues, parce qu'elles sont des « vérités. Il n'y a rien de grand, de beau, de « sublime dans la destinée humaine que le « respect de l'ordre moral. Tout le reste est « fragile, tout le reste est d'un moment; et, « ce qui importe, avant tout, c'est de lé- « guer aux générations à venir des exemples « de justice et de vertu. — J'aime bien « mieux Socrate mourant pour la vérité, que « Socrate vivant aux dépens de sa conscience. « Aux yeux des défenseurs de la doctrine « des sensations, Socrate est mort pour une « chimère, pour une utopie; Socrate est un

« fou : c'était en effet le langage que lui te-
« nait Anytus. Ah! si toutes les belles pen-
« sées de morale, si la philosophie, si la
« vertu elle-même est inutile; si les beaux
« sentiments sont des rêves; si le perfection-
« nement moral de l'homme est une utopie,
« nous avons donc été placés sur cette terre
« comme Sisyphe dans les enfers (5)! »

C'est avec cet accent énergique, avec ce cri de la conscience que Torombert manifestait la conviction et les penchants de son âme vertueuse; c'est ainsi qu'il repoussait les principes destructeurs de la morale, tout en recherchant avec la puissance de sa raison supérieure et de sa logique pressante des motifs plus généreux aux actions des hommes, et un but plus noble à leur destinée (6). Il reconnaît que l'âme est douée d'une activité spontanée qui lui fait concevoir la notion primitive du juste et de l'injuste d'où découlent la *sociabilité* et le sentiment du *devoir*. La *liberté morale* constitue la *vertu*, le *crime* et la *responsabilité*; de-là la *justice*, et pour conséquence dernière la *liberté sociale*, celle qui consiste dans l'accomplissement des devoirs aussi bien que dans la jouissance des *droits*. Et voilà la morale rétablie, l'ordre relevé, la dignité de l'homme retrouvée; voilà notre philosophe heureux d'arriver par le raisonnement à la doctrine du divin Maître, et au triomphe de l'Evangile, dont il parle en ces termes : « L'Evangile replaça la morale sur sa « véritable base, en repoussant l'épicuréisme « qui n'est que la doctrine exagérée des sen- « sations; en rappelant les hommes aux « sentiments innés, à la conscience, à la li- « berté morale; en confondant et punissant « l'orgueil; il fonda la politique sur sa véri- « table base, en considérant tous les hommes « comme des frères, et la justice comme la « voix de Dieu; en signalant la doctrine de « l'*intérêt* comme la source de tous les vices. « L'Evangile acheva le perfectionnement mo- « ral de l'homme, en voulant que la force se « puisât à la même source que la justice, en « prescrivant la bienfaisance comme la plus « belle des vertus et le plus saint des devoirs, « en *pratiquant*, comme dit saint Paul, *la* « *vérité par la charité*. Le genre humain avait « perdu ses titres, le christianisme les lui « rendit. »

Torombert conclut donc, après Descartes, Mallebranche, Léibnitz et Kant, qu'on aura atteint le dernier degré de la perfection humaine quand la philosophie qui cherche à rétablir l'*activité spontanée* de l'ame, la *conscience* et le *sentiment du devoir* dans la morale, l'*idéal* dans les arts, aura éclairé tous les esprits. On aura surtout atteint la perfection quand on aura accompli ces paroles du Sauveur à Nicodème : *il faut que l'homme renaisse de nouveau en rendant à l'esprit l'empire qu'il doit avoir sur les sens;* quand les principes de la vraie morale enfin serviront de fondement à la politique.

Cette doctrine une fois établie, Torombert s'attache à l'examen du *Contrat social* de Rousseau, le commente chapitre par chapitre, attaquant vigoureusement les erreurs du philosophe et faisant ressortir dans tout leur jour les fatales conséquences qui en découlent. Il ne lui passe rien, pas même son premier mot, son *titre;* et en effet, si l'on accorde qu'il y a un *contrat social*, que les conventions sont l'origine, sont les *principes du droit politique*, on reconnaît implicitement que la volonté de l'homme est souveraine, qu'elle est la règle du juste et de l'injuste; on sépare ainsi la politique de la morale; on tombe dans les inévitables résultats de la philosophie sensualiste. Je ne suivrai pas Torombert dans les détails de sa lutte avec Rousseau, mais je ne craindrai pas d'avancer que l'énergie et la sévérité de sa dialectique renversent l'insidieuse argumentation de son célèbre adversaire, et que la chaleur de son langage n'est pas indigne de l'éloquence si justement admirée du citoyen de Genève. Telle était d'ailleurs l'opinion d'un bon juge en pareille matière, de M. Lanjuinais (7) qui accordait à notre confrère son estime et son amitié, et qui voulut bien ajouter à son travail un excellent chapitre en réfutation des idées de Rousseau sur ce qu'il appelle la *Religion civile*. L'ouvrage de Torombert, ainsi complété, parut en 1825 sous le titre de *Principes du droit politique mis en opposition avec le Contrat social*. Il valut à l'auteur son admission parmi les membres de la société philotechnique de Paris, et les éloges de tous les journaux scientifiques de cette époque (8).

Alors, Messieurs, Torombert vous appartenait déjà (9); il s'était fait connaître à votre compagnie non seulement par son *Exposition des principes*, mais encore par un ouvrage que vous aviez mis au concours, *l'Eloge de Poivre* (10), et auquel vos suffrages avaient décerné la couronne. Il avait prononcé devant vous son discours de réception sur la *dignité de l'homme*, belle et profonde composition que le public éclairé sut admirer comme vous, et que l'auteur reproduisit presque tout entière dans les *Principes du droit politique* (11).

Rappelez-vous, Messieurs, les écrits qu'il vous a présentés plus tard, l'éloge de M. le premier président Vouty, lu dans une de vos séances publiques, et cet autre discours, le dernier qu'il vous ait offert, dans lequel, examinant la condition des femmes suivant les différents degrés de civilisation, il démontre que la liberté leur est aussi favorable qu'aux hommes. Rappelez-vous les fragments qu'il vous a communiqués de deux grands ouvrages qu'il menait de front et qu'il n'a pas eu le temps d'achever, l'un sur *l'économie industrielle* (12), l'autre sur les *gouvernements représentatifs d'Europe;* rappelez-vous enfin l'extrême modestie avec laquelle il vous apportait tant de travaux utiles, et vous reconnaîtrez combien étaient légitimes les regrets qui furent donnés à la perte d'un tel homme. Vous comprendrez aussi, Messieurs, pourquoi Torombert refusa d'exercer la profession d'avocat qui était la sienne. Tout occupé des intérêts généraux de la société, il laissait à d'autres le soin de débattre les intérêts privés des individus. Oui, sans doute, il eût pu jeter un grand éclat sur le barreau de Lyon, tant renommé parmi les barreaux de France, s'il eût voulu plier la force de sa pensée, l'éloquence de ses expressions aux luttes journalières, aux controverses habituelles qui sont l'élément de la belle et difficile profession qu'il avait d'abord embrassée; mais son humeur paisible, son caractère tout de bienveillance et de douceur l'en tinrent constamment éloigné.

La presse avait engagé ce long et brillant combat où de part et d'autre de grands talents vinrent s'illustrer et qui aboutit à cette révolution fameuse où se réalisèrent en trois jours, plus de changements dans l'ordre politique, qu'on ne devait en attendre de trente années de discussions et d'efforts. Torombert ne pouvait pas refuser d'entrer dans la lice; le genre de ses études, la direction de ses idées, la force de ses convictions politiques, les prières de ses amis, tout l'y appelait. Il écrivit donc de nombreux articles dans un journal de Lyon, que recommandaient à la fois l'énergie de son opposition et la convenance de son langage, et il se distingua toujours par l'urbanité de son style autant que par la franchise de ses opinions. Car alors, Messieurs, on savait être fort, sans emportement; la presse se respectait et savait respecter ses adversaires; alors, on n'avait pas besoin de saisir l'épée d'une main quand on tenait la plume de l'autre, et l'on ne voyait pas l'affligeant spectacle d'écrivains distingués qui, après avoir entrepris la mission d'éclairer les peuples, viennent leur apprendre, par de funestes exemples, à fouler aux pieds les saintes lois de la morale et à retourner aux usages violents, aux préjugés homicides des âges de barbarie.

Ah ! si Torombert eût vécu quelques années encore, l'estime générale (13) dont il était entouré n'eût pas manqué de l'envoyer à la tribune nationale pour y proclamer les principes conservateurs qu'il avait soutenus; et c'est de ce lieu, d'où l'on est entendu dans le monde entier, qu'il eût répété les maximes salutaires répandues dans ses ouvrages; qu'il eût dit à ceux qui gouvernent d'être justes; à ceux qui sont gouvernés, d'obéir à la loi; à tous, d'être bons. Mais la Providence en avait autrement ordonné.

Le 14 avril 1829, M. Torombert quitta sa famille pour aller visiter sa mère à Belmont près de Belley. Il avait embrassé sa femme et ses deux filles avec une tendresse toute pleine de mélancolie, et il ne s'en était séparé qu'avec une peine extrême.

Après avoir passé quelques jours dans la

vallée de St-Rambert chez un de ses amis, il s'achemina à pied vers le but de son voyage, et il se sentit, dans la route, atteint d'un mal dont il ne soupçonna pas la gravité. Aussitôt qu'il fut arrivé dans la maison paternelle, son mal prit un caractère alarmant. M. le docteur Martin, de St-Rambert, averti du danger que courait son confrère, se hâta de voler à son secours; mais avant d'arriver à Belmont, il apprit que c'était trop tard. L'infortuné Torombert venait de rendre son âme à Dieu, en reportant une dernière pensée sur sa femme et sur ses enfants.

Le lendemain, 9 mai 1829, les journaux de toutes les opinions annoncèrent la triste nouvelle dans des termes plus honorables pour sa mémoire que l'oraison funèbre la plus éloquente; et quelques jours après, ses amis se réunirent pour lui élever dans le cimetière du village une tombe simple comme sa vie, modeste comme lui (14).

NOTES.

---

1. Honoré Torombert naquit à Belmont, près de Belley, le 17 décembre 1787. Il fit ses études au collége de Bourg. Il commença en 1804 un cours de médecine qu'il continua avec répugnance jusqu'en 1807. Les deux célèbres médecins Richerand et Récamier, ses professeurs et ses compatriotes, le détournèrent d'une carrière que son extrême sensibilité ne lui permettait pas de suivre. En 1808, il se rendit à Dijon pour y faire un cours de droit qui fut souvent interrompu par les voyages forcés que nécessitaient les appels de la conscription auxquels il dut répondre sept fois.

2. Torombert épousa Mlle Guerre en 1813, et, par cette alliance, il devint le neveu ou petit-neveu de MM. Poivre, Dupont de Nemours et Bureau de Puzy.

3. Torombert termine ainsi les réflexions préliminaires qu'il a mises en tête de son principal ouvrage :

« Je dois ajouter que je n'écris point pour avoir l'occasion « de fronder ou d'encenser le pouvoir. Je suis né avec cette ré- « volution dont le premier cri fut *liberté, égalité légales!* qui « se laissa déshonorer par la licence et qui vint s'assoupir dans « le despotisme ; j'ai vécu sous le pouvoir absolu, où les pom- « pes de la victoire faisaient oublier la honte de la servitude : « mais je n'ai contracté ni des habitudes turbulentes, ni le goût « des lâches complaisances. Les tableaux sévères, quelquefois « sublimes, et trop souvent affligeants, qui se sont offerts à mes « premiers regards, m'ont appris à méditer sur la vie dans un « âge où la plupart des hommes ne songent qu'à vivre. Je suis « donc sans ambition comme sans crainte. Si j'écris, c'est dans « la vue du perfectionnement moral et social des hommes, seul « but auquel ils doivent tendre ; c'est pour remplir un devoir, « c'est pour payer ma dette à l'humanité, à qui chacun doit le « tribut de ses pensées, quand il les croit honorables et justes. »

4. La même année 1811, Torombert fut nommé membre de la Société d'Émulation et d'Agriculture de l'Ain.

5. La fin de ce passage pourrait bien n'être qu'une réminiscence de Mme de Staël.

6. Je crois devoir citer le passage suivant qui peut donner une juste idée de la doctrine de Torombert et du ton éloquent auquel il savait s'élever :

« C'est en vain que les disciples d'Helvétius croient échapper au reproche qui les poursuit, en disant que *la moralité consiste dans l'intérêt personnel bien entendu.*

« Mais dans cette hypothèse, je ne vois pas mieux ce que devient la *conscience*, ce qui produit le *remords :* avec l'*intérêt personnel bien entendu*, il n'y a pas plus besoin de l'un que de l'autre. Qui sera juge pour décider si cet intérêt est bien ou mal entendu ? l'*intérêt personnel* lui-même, dit-on : mais ce n'est donc plus ici qu'une simple affaire de raisonnement et de calcul? Quoi! la pitié, le dévouement, l'amitié, l'amour maternel, tout cela est de l'intérêt personnel *bien entendu !* En se jetant dans le gouffre, Curtius rapportait tout à lui! Vincent de Paul prenant la place d'un galérien, ne songeait qu'à son intérêt personnel! Disons-le donc : la conscience est *raisonnement*, la vertu *prudence*, la pitié *calcul*, le désintéressement *intérêt !*

« Que ce système de jouissances toutes physiques, d'amour de soi, de juste et d'injuste conventionnels, eût pris naissance au milieu des sables de l'Afrique, sur quelque plage déserte où l'homme est réduit pour vivre à disputer sa proie aux bêtes féroces ; à descendre à leur condition, je m'en étonnerais peu. Mais que ces idées aient pu germer dans la tête d'un européen civilisé, c'est ce que je ne concevrai jamais. Ce n'est que par une aberration d'esprit difficile à comprendre, qu'on a pu venir à bout de se dissimuler à soi-même le sentiment de sympathie qui nous attire vers notre semblable; les élans de notre cœur qui nous entraînent au péril de notre vie vers la voix qui appelle du secours; l'affection subite, profonde, irrésistible de compassion et de douleur qui saisit notre âme à l'aspect d'une grande infortune; l'indignation, la colère qui nous emporte à la vue d'une injustice faite à autrui; la satisfaction, le bien-être que nous cause une bonne œuvre; les transports d'admiration qu'excite en nous une belle action, un acte de vertu, ou même le simple récit d'un trait héroïque; l'abnégation de soi-même en présence d'un naufrage ou d'une grande catastrophe ; le cri de joie à ces mots, *ils sont sauvés !* l'enthousiasme enfin qu'inspirent les mots ; *Patrie*, *honneur*, *liberté*, *dignité de l'homme !*

« Qu'on ouvre l'histoire des nations; que l'on cherche à expliquer, à l'aide du principe de l'intérêt, les caractères et les actions dont elle fourmille et qui honorent l'espèce humaine : je serais curieux de voir comment on s'y prendrait pour rendre compte de la conduite d'un Socrate, d'un Phocion. Je voudrais savoir, par quel effort d'esprit on rapporterait à l'intérêt le trait d'un d'Assas, la vie entière d'un Malesherbes, et les actions de tant de héros qui sont la gloire de notre belle patrie.

« Non, ceux qui mettent en avant cette froide doctrine ne consultèrent par leur propre cœur ; la subtilité de leur esprit leur a fait illusion. Eux-mêmes ressentent tous les jours les doux effets des sentiments naturels ; eux-mêmes, sans y songer, sans faire aucun calcul intéressé, sont bons pères, amis fidèles, tendres époux, citoyens dévoués; eux-mêmes sont généreux, courageux, pleins d'enthousiasme pour la vertu. Je ne demande, pour les réfuter, que de leur opposer leurs propres actions. »

7. *A Monsieur Torombert, avocat à Lyon.*

« Monsieur,

« J'ai reçu votre lettre à la campagne. Je ferai encore à l'occa-
« sion quelque tentative pour l'objet qui vous intéresse : je n'en
« espère plus rien. Vous pouvez dire : On m'étoufferait si l'on
« pouvait, c'est-à-dire on me lancerait dans l'oubli; *et je sais*
« *pourquoi*; comme disait Clément XIV en désignant son genre
« de mort : *E so ben per chè.* Vous l'avez deviné ce dédain de
« la philosophie pure et d'un certain clergé. N'en soyez pas
« trop affligé, et vengez-vous en lançant de nouveaux rayons de
« lumière. Pour moi, je vous remercie de votre dernier ouvrage;
« il m'est souvent utile. On se tait sur vous plus que vous ne
« méritez; mais on ne vous accuse pas tout haut d'avoir calom-

« nié le grand penseur, le grand écrivain, le touchant, le beau « rêveur que vous avez réfuté. Voilà comme le monde est fait. « Marchons devant nous, pensant le mieux que nous pourrons, « et disant avec modestie, mais avec franchise et fermeté, ce « que nous croyons vrai et utile. Regardez-moi toujours comme « un des hommes qui vous estiment le plus, et qui vous aiment « fort sincèrement.

« LANJUINAIS. »

8. En 1827, et par suite de la publication des *Principes du Droit politique*, Torombert fut reçu à la Société philosophique américaine de Philadelphie.

9. C'est en 1818 que Torombert fut nommé membre de l'Académie de Lyon. Il avait présenté, à l'appui de sa candidature, un petit poème sur la mort d'un chat, intitulé la *Mimiade* : et cependant il attachait bien peu d'importance à ce titre littéraire, puisqu'il n'en reste des traces que dans le portefeuille de l'Académie.

10. Torombert avait eu la pensée de donner plus de développement à son premier travail; c'est dans cette intention qu'il écrivit à M. le comte de Boignes pour lui demander des renseignements sur la fin de Typoo-Saïb et sur la révolution qui fit tomber son empire aux mains des Anglais. Il partageait la croyance fort répandue encore aujourd'hui que le général de Boignes avait joui de la confiance du nabab de Mysore et commandé ses armées à l'époque de sa chute. La réponse de M. de Boignes n'est pas sans intérêt pour l'histoire; on ne sera pas fâché de la trouver ici.

Chambéry, le 10 avril 1822.

« Monsieur,

« J'eusse eu le plaisir de répondre de suite à la lettre que « j'ai eu l'honneur de recevoir de vous sous date du 6 courant ; « mais, absent alors, ce n'est qu'à mon retour qu'elle m'a été « remise, et je m'empresse de répondre à son contenu, ayant « à vous exprimer la satisfaction que j'éprouve du désir que « vous avez de faire mieux connaître les mérites et qualités per- « sonnelles de M. Poivre votre oncle, dont j'ai eu l'honneur de « faire connaissance lors de la reddition de Pondichéry aux « forces anglaises dans lesquelles je servais en qualité de sous- « lieutenant, monsieur votre oncle étant alors intendant de « cette colonie et M. de Bellecombe gouverneur. Comme il y a « bien des années de cela, je n'en ai guère plus qu'un faible « souvenir, s'étant passé bien des choses depuis; mais je n'ai « pu oublier que M. Poivre jouissait de la plus haute considé- « ration tant du côté des Anglais que des Français ses compa- « triotes, et je verrais avec bien du plaisir qu'on lui rendît, « c'est-à-dire à sa mémoire, toute la justice qui lui est due. « C'est à vous donc, Monsieur, comme son neveu, de vous « charger de ce noble emploi, étant juste aussi que vous en « ayez tout le mérite.

« Quant aux notices ou notes que vous me demandez sur le « nabab Tipoo-Saïb ; mais la chose me serait bien difficile, en « ce que je n'ai non-seulement jamais été à son service, mais « jamais été même dans ses états, étant passé du service anglais « à celui de l'empereur Mougol Alum-Shah, sous les ordres « d'un des princes de la puissance Mahratte-Mahadeja-Scindiah, « gouvernant et régissant les provinces au nord de la Péninsule, « Delhy, Agra, etc., provinces dans lesquelles j'ai toujours ré- « sidé comme général des troupes que j'avais levées et qui m'a-

« vaient été confiées, et desquelles je résignai le commande-
« ment en 1797 pour revenir en Europe, quelques années donc
« avant la chute de Tipoo-Saïb; événement dont j'eus connais-
« sance à Londres. D'après ces détails, vous voyez, Monsieur,
« combien vous êtes encore éloigné d'avoir tous les renseigne-
« ments réels et nécessaires pour remplir la tâche que vous vous
« imposez, à moins de vous exposer à tomber dans de grandes
« erreurs. A vous dire vrai, il n'y a guère que les Anglais qui
« puissent traiter des affaires de l'Inde avec parfaite connais-
« sance de cause, ce pays et les événements qui s'y sont passés
« leur étant aussi familiers que ceux arrivés dans leurs états en
« Europe : c'est là mon opinion. Je pensais un instant vous pro-
« poser de vous adresser au général Cuillier-Perron, résidant
« au château du Fresne, près Vendôme, officier qui m'a rem-
« placé au commandement de l'armée lorsque je quittai le ser-
« vice, et revenu en Europe douze ans après moi; mais présu-
« mant bien qu'il ne pourrait pas vous donner de plus amples
« renseignements sur Tipoo-Saïb que moi, ne croyant pas qu'il
« ait jamais été dans cette partie de l'Inde, y ayant déjà dix
« années qu'il était attaché à mon armée lorsque je quittai
« l'Inde; au surplus vous pourriez, si vous le désirez, lui écrire
« et lui faire part de vos projets; vous pouvez lui adresser, au
« château du Fresne, près Vendôme, par Montoire, départe-
« ment de Loir-et-Cher. Je suis fâché de ne pouvoir pas vous
« donner les moindres détails sur ce prince qui, d'après tous les
« rapports, ne s'est attiré que par sa cruauté les événements
« malheureux qui lui sont arrivés. Dans les temps présents, il
« est difficile que les usurpateurs de trônes puissent se soutenir
« long-temps : l'expérience nous le démontre tous les jours.

« Recevez, Monsieur, l'assurance des sentiments distingués
« de considération avec lesquels j'ai l'honneur d'être

« *Votre très-humble et très-obéissant serviteur*

« Le général comte B[t] DE BOIGNES. »

11. C'est dans ce discours que j'ai retrouvé l'expression animée et pittoresque d'une inspiration soudaine dont j'avais été le témoin et dont je crois que le récit n'est pas indigne d'être offert dans une note :

Vers le soir d'une agréable journée d'automne, nous avancions lentement sur un des monts qui dominent la vallée de Talissieux dans le Bugey. Autour de nous, un vent léger courait en gémissant dans les branches des sapins; à nos pieds le fond de la vallée déployait toutes les couleurs dont la nature se pare en cette mélancolique saison; plus loin, le Rhône emportait ses flots rapides à travers les monts sourcilleux derrière lesquels le lac du Bourget étendait sa belle nappe d'azur; plus loin encore, les sommets des Alpes pennines réfléchissaient les rayons pourprés du soleil couchant; et là, tout près de nous, s'ouvrait béant et déchiré le lit du torrent de Chavornet que nous entendions mugir dans les cavités des rochers. Nous avions marché tantôt en jouant avec des cailloux que nous lancions devant nous, tantôt en rappelant des anecdotes de collége, souvent en abandonnant quelques mots d'admiration sur le magnifique tableau dont nous pouvions jouir à souhait; déjà même quelques-uns d'entre nous avaient fait rouler des pierres au fond du torrent, et Torombert allait pousser la sienne, quand tout-à-coup il s'arrête, et reprenant son rôle de philosophe qu'il avait un instant oublié avec nous; mes amis, s'écria-t-il, en s'asseyant sur un quartier de roc qui s'élevait au-dessus de la pelouse, comme un écueil au-dessus des flots; « Mes bons amis, que les hommes « seraient heureux s'ils savaient être enfants comme nous; s'ils « savaient admirer la nature, rendre gloire à son auteur, et « n'avoir entre eux que des rapports fondés sur la justice ! mais « l'intérêt est le dieu qu'on adore.... ; » et il se tut un instant. Nous nous étions assis autour de lui et nous avions déposé, à son exemple et sans y songer, les pierres que nous devions faire bondir sur les flancs du précipice. Nous écoutions, et il reprit, en élevant avec gravité le ton de sa voix ordinairement si douce: « C'est le principe de l'intérêt ou de l'utilité qui a fait inventer « la torture, qui multiplie les supplices, qui encourage l'es- « pionnage et la délation, qui crée des lois et des tribunaux « exceptionnels; c'est ce principe qui établit l'arbitraire et la « servitude, qui suscite la plupart des guerres, qui nous a con- « duits sur la côte africaine pour y faire le commerce de chair « humaine; c'est le principe de l'utilité qui a inondé de sang les « deux Amériques, qui a asservi l'Inde en faisant égorger la « moitié de ses paisibles habitants par l'autre moitié; qui a « plongé le fer dans le sein de Tipoo-Saïb, qui a livré Parga au « féroce musulman. L'utilité abandonne les descendants de « Léonidas et de Philopœmen aux poignards de leurs sangui- « naires oppresseurs; l'utilité couvre la terre de sang, de larmes « et de ruines..... Quand viendra le jour de la justice ! » Il cessa de parler; nous restâmes quelque temps silencieux et pensifs; puis nous redescendîmes la montagne avec des idées bien différentes de celles qui nous occupaient en montant; nous revenions au séjour des hommes.

12. Cet ouvrage était le sujet d'un cours public que Torombert fit quelque temps à l'*École spéciale de Commerce* établie aux Brotteaux, et dont la trop courte existence a suffi pour prouver l'importance d'un tel établissement au sein d'une nombreuse population industrielle et commerçante.

13. Déjà, en 1819, Torombert avait été nommé membre de la Commission chargée de surveiller les prisons.

La noblesse et la loyauté de son caractère étaient telles qu'il avait l'estime et même l'amitié d'hommes qui étaient loin de partager ses opinions politiques.

Les personnages les plus considérés de son pays natal avaient pour lui un attachement particulier : le bon et spirituel Brillat-Savarin l'aimait comme son enfant; l'avocat-général Monnier était son ami; le général Dallemagne, ce brave émule d'Augereau, l'honorait d'une affection toute paternelle, et le jurisconsulte Mollet, cette gloire si pure du département de l'Ain, lui reconnaissait un beau talent et un bel avenir.

14. Rien ne peut mieux louer Torombert, rien ne peut plus doucement remuer son cœur dans la tombe que les lignes suivantes, adressées par une main qui lui fut si chère à l'auteur de cet éloge : « Moi seule, je puis vous parler de toutes ses vertus « domestiques, de ses adorables qualités qui faisaient le bonheur « de sa famille, de la douce piété de son cœur, de son dévoû-« ment en amitié, de son indulgence, de son abnégation de lui-« même. Tout ce que l'on a coutume d'appeler *devoirs* était pour « lui de doux plaisirs, et leur accomplissement était l'œuvre « de sa vie. C'est avec joie que je vous confie, Monsieur, le soin « de dire toutes ces choses, parce que vous les direz d'une ma-« nière digne de vous et de lui..... »

www.ingramcontent.com/pod-product-compliance
Lightning Source LLC
LaVergne TN
LVHW010249230826
846091LV00007B/2868

* 9 7 8 2 0 1 3 4 6 5 8 0 9 *